중국 사람들은 세상의 중심이 중국이라고 생각했어.
중국 북쪽에 살던 거란, 여진, 몽골 같은 유목 민족들은
호시탐탐 중국 땅을 넘보았지.
다양한 사람들이 힘차게 살아간 중국으로 가 보자.

나의 첫 세계사 10

세상의 중심을 꿈꾼 나라
중국

박혜정 글 | 여미경 그림

옛날 옛날, 중국에 '황소'라는 사람이 살았어.
이름이 '황소'라고? 응! 성이 '황'이고, 이름이 '소'야.
재미있는 이름이지? 황소가 살던 때는 **당**이라는 나라가
중국을 다스리고 있었어. 당나라는 무역이 발달하고
화려한 문화를 꽃피우던 멋진 나라였지만,
황소가 살던 무렵에는 그렇지 않았어.
능력 없는 황제에 맞서 반란이 곳곳에서 일어나고,
세금이 잘 걷히지 않아서 나라를 운영하기 위한 돈도 부족했지.

당나라가 돈을 마련하기 위해
선택한 방법은 소금값을 올리는 것이었어.
소금값이라고? 응! 음식의 짠맛을 내기 위해 꼭 필요한 소금을
나라에서 직접 관리하고 팔면서 돈을 마련했거든.
소금값이 치솟자 값싼 소금을 찾는 사람들이 늘어났고,
그런 사람들에게 몰래몰래 소금을 파는 상인들도 등장했지.
황소가 바로 그런 사람이야. 황소 같은 사람들을 나라에서
잡아들이려 하자, 황소도 가만있지 않고 반란을 일으키기로 해.
'황소의 난'이 시작된 거야.

황소의 난은 10년이나 계속되었어. 황소의 군대가 당나라 황제를
향해 가는 동안 황소를 따르는 사람들이 더욱 많아졌지.
황소가 당나라 수도에 닿자 황제는 부랴부랴 도망을 갔어.
그렇게 황소가 새 나라를 만드는가 싶었지만,
황소의 부하가 황소를 배신하면서 황소가 죽고, 맙소사!
황소를 배신했던 부하가 당나라 황제까지 죽게 만들면서, 어이쿠!
결국 당나라는 멸망하고 말았어.

이미 지방 곳곳에서는 군인들이 점점 힘을 키우고 있었고, 중국 땅에는 몇 개의 나라들이 세워졌다 사라지기를 반복하며 혼란스러운 시간이 이어졌지. 다음에는 또 어떤 일이 벌어졌을까?

자, 중국에서 일어날 수 있는 일들을 생각해 보자.

중국을 하나로 통일하는 나라가 등장할 수도 있어.
당나라 이전에도 진나라, 한나라, 수나라 같은 나라들이
거대한 중국을 통일해서 다스렸거든.

아니면, 여러 개의 나라가 들어설 수도 있어. 중국은 땅이 커다랗고,
북쪽의 황허강, 남쪽의 창장강처럼 길고도 넓은 강들이 여럿 있거든.
이런 강을 중심으로 몇 개의 나라가 세워질 수 있겠지.

아니면, 중국 북쪽 초원에 사는 유목 민족에게 정복당할 수도 있어.
중국 땅에서 예로부터 살아오던 사람들을 **한족**이라고 하는데,
이들은 중국의 너른 평야에서 주로 농사를 짓고 살았어.
한족이 세운 나라가 어지러워지면 유목 민족들이 쳐들어오곤 했지.
당나라가 멸망할 무렵에도 거란족이라는 유목 민족이 만리장성을 넘어서
조금씩 조금씩 중국의 땅을 차지하고 있었거든.

당나라가 사라진 이후, 혼란스럽던 중국은 과연 어떻게 됐을까?

중국을 하나로 통일하여 다스리는 나라가 들어섰어.
그 나라는 바로 **송**이야!
송나라를 건국한 사람은 조광윤이라는 장군이야.
조광윤의 인품과 능력에 반한 그의 부하들이
조광윤에게 새로운 나라의 황제가 되어 달라고 부탁했지.
그렇게 조광윤은 송나라 첫 번째 황제인 송 '태조'가 되었어.
그의 동생인 조광의가 두 번째 황제가 되었지. 그 사람은 송 '태종'이야.

송나라는 태조와 태종이 다스리던 때에 중국의 땅 대부분을 통일하고,
나라의 기틀을 튼튼하게 만들었어.
실력 있는 인재를 뽑기 위해 과거 제도를 고치고,
백성들에게 함부로 세금을 걷지 않도록 세금 제도를 손보았지.
지방에서 힘센 군인들이 다시 들고일어나면 안 되니까
지방의 군인 세력을 약하게 만들고 황제에게 복종하는 군대를 늘렸어.
그렇게 송나라는 황제를 중심으로 점차 안정된 나라가 되어 갔지.

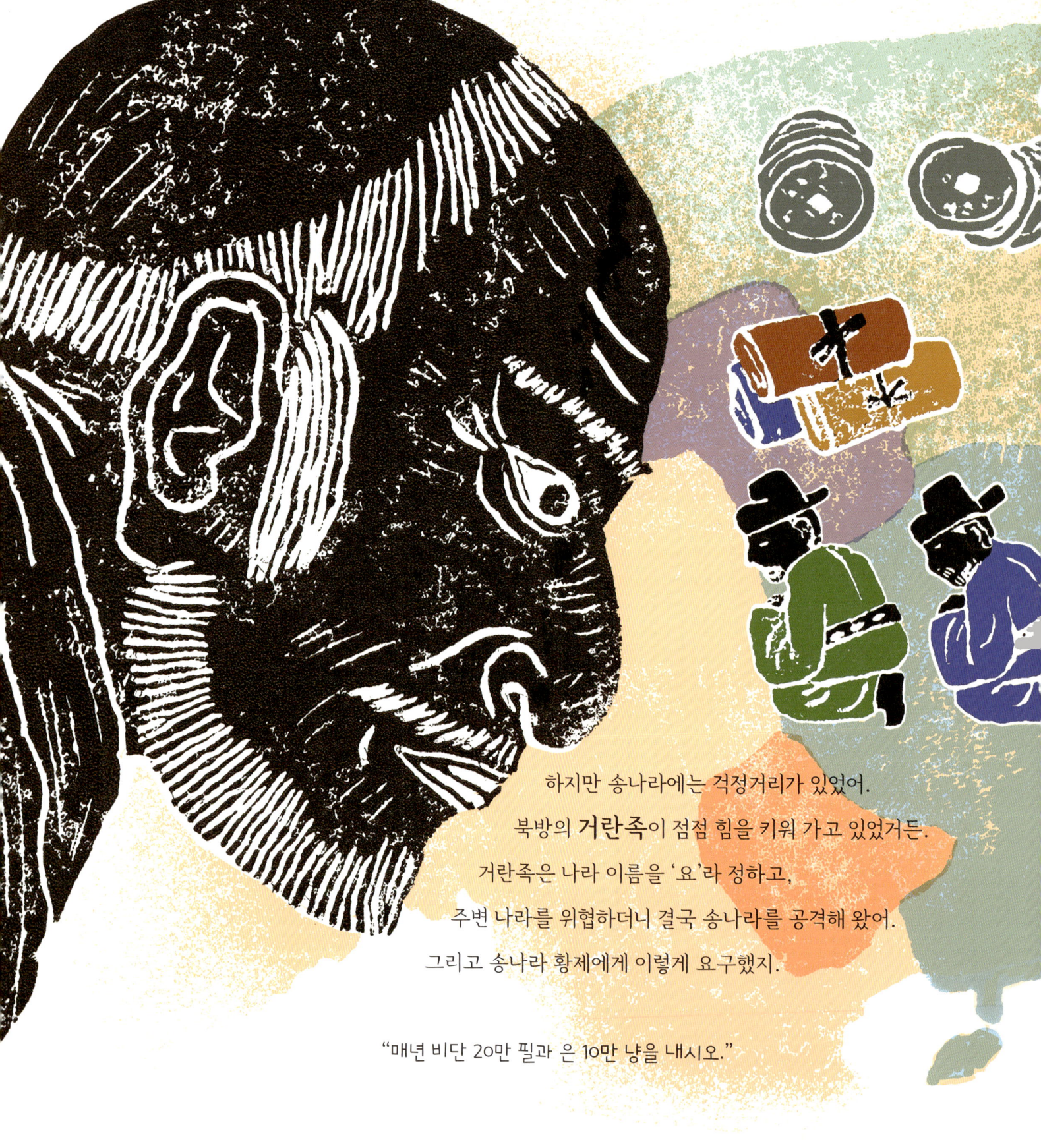

하지만 송나라에는 걱정거리가 있었어.
북방의 **거란족**이 점점 힘을 키워 가고 있었거든.
거란족은 나라 이름을 '요'라 정하고,
주변 나라를 위협하더니 결국 송나라를 공격해 왔어.
그리고 송나라 황제에게 이렇게 요구했지.

"매년 비단 20만 필과 은 10만 냥을 내시오."

'필'은 옷감의 길이를 재던 옛날 단위야.

옷 한 벌을 만들 때 필요한 옷감이 한 필이래.

그런 비단을 백 필도 아니고, 천 필도 아니고,

만 필도 아니고, 20만 필이라니.

거기에 더해 은까지 해마다 내라고? 정말 너무하네!

은과 비단을 세금으로 바쳐야 했던 백성들의 삶은 더욱 힘들어졌지.

더 큰 문제는 거란족보다 더 강한 북방 민족이 나타났다는 거야.

그들은 바로 **여진**족이었어.

여진족은 만주에서 살던 사람들이야.
중국과 한반도 사이에 커다란 땅덩이가 있는데,
그곳이 만주야. 그래서 여진족을 만주족이라고도 불러.
여진족은 작은 부족을 이루며 여기저기 흩어져서 지내는 사람들이지만,
한 번씩 강력한 지도자가 나타나서 부족의 힘을 하나로 모을 때가 있었어.
이 무렵에도 '아구다'라는 사람이 등장했지.
아구다는 여진족의 여러 부족을 모아 나라를 만들더니,
나라 이름을 '금'이라 정했어.

거란족의 **요나라**와 한족의 **송나라**가 있던 중국에
여진족의 **금나라**가 새롭게 더해졌어.
해마다 요나라에 많은 비단과 은을 내주고 있던 송나라는
요나라를 무찌르기 위해 금나라와 손을 잡기로 했지. 작전은 성공하는 듯했어.
송나라와 금나라 군대가 힘을 합쳐서 요나라를 멸망시켰거든.
그런데 이게 웬걸! 이제 금나라가 송나라를 넘보기 시작하네.

결국 금나라와 송나라 사이에 전쟁이 벌어졌고,
전쟁에서 이긴 쪽은 금나라였어.
금나라의 군대는 송나라의 수도를 쑥대밭으로 만들고,
송나라 황제와 수천 명의 사람을 포로로 잡아갔지.
송나라는 이렇게 멸망하는가 싶었지만,
간신히 남쪽으로 도망친 황제의 동생과 몇 명의 신하들이
창장강 근처에 새로운 수도를 정하고 송나라를 이어 나갔어.
그때부터의 송나라를 '남송'이라고 불러.

중국의 북쪽은 여진족이 세운 **금**이 장악했고,
중국의 남쪽은 한족이 세운 **남송**이 차지했어. 거대한 중국이 둘로 나뉘었지.
금나라와 전쟁을 피하고 싶었던 남송은 금나라에 막대한 비단과 은을 바쳤어.

북방 민족에게 매년 어마어마하게 많은 세금을 내기는 했지만,
남송은 풍요롭게 잘 지내고 있었어. 창장강이 가로질러 흐르는 남송에는
넓은 평야와 물이 풍부했거든. 농사짓기에 더할 나위 없이 좋은 곳이었지.

남송 사람들은 곡식뿐만 아니라
차, 사탕수수, 면화 같은 것들도 재배해서 시장에 내다 팔았어.
물건을 사고팔기 쉽도록 화폐를 사용했지.
금속으로 만든 동전은 물론이고, 종이로 만든 지폐까지 있었어.

물건 파는 상인들이 북적북적,
소와 말을 탄 사람들이 기웃기웃,
동전으로 계산하는 소리가 달그락달그락,
시장과 도시에는 활기가 가득했지!

남송의 큰 도시와 항구에는 외국 상인들이 북적였어.
중국의 비단과 도자기가 인기 상품이었지.
항해*할 때 방향을 알려 주는 나침반도 이 무렵에 발명되면서
바다를 다니는 사람들에게 큰 도움을 주었어.

● **항해** 배를 타고 바다 위를 다님.

중국 상인들은 배를 타고 동남아시아와 인도까지 나아갔고,
저 멀리 이슬람 상인들도 중국을 찾아왔지.
남송의 항구에는 거대한 배들이 드나들었고,
작고 날쌘 배들이 강과 바다를 들락거리며 물건을 날랐어.
활기차고 풍족한 시절이 계속되면 좋겠지만, 북쪽의 움직임이 심상치 않았지.
거란이나 여진보다 더욱 강력한 북방 민족이 등장했거든.
이번에는 칭기즈 칸이 이끄는 **몽골**이 다가오고 있었어.

칭기즈 칸은 몽골 초원의 부족들을 통일하고, 주변 지역도 하나둘 정복해 갔지.
몽골은 어마어마한 대제국을 만들었어. 아시아의 동쪽 끝에서 서쪽 끝까지,
그리고 아시아를 넘어 유럽 땅까지 아우르는 거대한 제국이었지.
그런 몽골이 중국 땅을 가만둘 리가 없겠지?
몽골은 금나라를 정복하고, 남송도 공격했어.
하지만 남송의 성은 튼튼했고, 성안에서 오래도록 버틸 만큼 식량도 든든했지.
게다가 넓고도 긴 창장강과 강 근처의 질퍽한 땅은
말을 타고 다니는 몽골 병사들에게 불리한 환경이었어.

칭기즈 칸의 손자인 쿠빌라이 칸은 남송을 정복하기 위해 온 힘을 쏟았어.
전쟁 경험이 많은 몽골 병사를 뽑아 훌륭한 작전을 세우고,
더 큰 돌을 퍼부을 수 있는 성능 좋은 투석기까지 들여와서
끈질기게 남송의 성을 공격했지. 결국 성이 무너지면서 남송도 멸망하고 말았어.
이렇게 중국 땅을 지배하게 된 몽골의 새 나라는 **원**이야.

원나라는 수도를 대도로 정했어. 오늘날 중국의 수도인 베이징이지.
대도는 북쪽의 초원과 남쪽의 평야를 모두 아우를 수 있는 곳이야.
쿠빌라이 칸은 도로를 정리하고 대운하를 손봐서 제국을 촘촘히 연결했어.
대도에서 출발하는 길은 초원과 고원, 사막으로 이어져 유럽에 닿고,
대운하와 강, 바다로도 이어져 인도, 아라비아, 아프리카까지 가닿았지.

원나라에는 다양한 외국인들이 드나들었어.

뛰어난 기술을 가진 이슬람 사람들이 원나라에 와서 능력을 펼쳐 보였지.

크리스트교를 믿는 유럽 사람들은 몽골 사람들에게

크리스트교를 전파하겠다면서 사절단*을 보내기도 했어.

다양한 사람과 문화가 어우러지며 원나라는 발전해 갔어.

● **사절단** 특정한 임무를 가지고 나라를 대표하여 외국에 나가는 사람들.

한편, 몽골 사람들은 몽골에 끝까지 저항했던 한족 사람들을 차별했어.

한족 사람들이 농사지으며 살던 땅을 말 키우는 초원으로 만들기도 했지.

홍수로 강이 넘치거나 전염병이 돌아도 보살펴 주지 않았어.

한족 사람들의 불만은 점점 쌓여 갔고, 마침내 농민 반란으로 폭발하고 말았지.

"모으자, 모으자, 힘을 모으자.
몽골 사람들에게 차별받던 한족 사람들아, 힘을 모으자.
몽골을 쫓아내고 한족의 나라를 세우자!"

한족 농민군들은 마치 거대한 물줄기 같았어.
가장 앞장선 건 '주원장'이라는 사람이야. 가난한 농민 출신이지만,
농민군을 이끌다가 훗날 새로운 나라의 황제가 되었어.
농민으로 태어나 황제가 되다니! 중국 역사상 처음 있는 일이었지.
주원장이 세운 **명**나라는 난징이라는 곳을 새로운 수도로 정했어.
영차 영차, 힘을 내서 원나라의 수도 대도를 점령하고
몽골 사람들을 중국 땅 밖으로 쫓아냈지.

주원장은 황제가 된 이후에 '홍무제'라고 불렸어.
새로운 나라를 세운 홍무제는 할 일이 많았지.

"농민들이 농사지을 땅을 늘려라.
백성들을 평안하게 하고, 그들이 화목하도록 도와라.
능력 있는 관리를 뽑기 위해 과거 시험을 제대로 치르거라.
북방 민족에 시달리지 않도록 만리장성을 더 길게, 더 높다랗게 쌓아라."

홍무제의 아들로, 명나라의 세 번째 황제가 된 사람은 '영락제'야.
영락제도 새 나라에 필요한 일들을 차근차근 해 나갔지.

"아버지가 수도로 정한 난징은 남쪽에 치우쳐 있어서 북쪽을 살피기 어렵다.
수도를 베이징으로 옮기고 북방 민족에 대비하도록 하자.
새로운 수도에 황제의 권위를 보여 주는 거대한 궁궐을 짓고,
그 이름을 자금성이라 하여라."

더 넓은 세상에 명나라의 힘을 드러내고 싶었던 영락제는
'정화'라는 신하를 시켜서 아주아주 거대한 배를 여러 척 만들게 했어.
62척의 커다란 배와 2만 명이 넘는 선원들이 모여 항해를 준비했지.

중국을 떠난 정화의 배들은 베트남과 인도네시아, 인도의 여러 도시에 들렀어.
거기에서 조금 더 서쪽으로 가면 아라비아반도가 있었고,
조금 더 멀리 가면 아프리카 대륙이 있었지. 정화의 일행은 아프리카까지 갔대!
중국 사람들을 처음 본 아프리카 사람들은 깜짝 놀랐겠지?
정화는 황제의 선물을 외국에 전하고, 진기한 물건들을 선물로 받아 왔어.
아프리카에서는 사자, 기린, 코뿔소, 타조 같은 동물들을 싣고 왔지.

바다를 누비던 정화의 항해는 일곱 차례로 끝이 났어.

명나라 황제는 굳이 다른 나라와 무역하지 않아도 괜찮다고 생각했거든.

그래서 다른 나라 상인들이 중국에 자유롭게 드나드는 것을 허락하지 않았어.

중국의 비단과 차, 도자기를 구입하고 싶은 외국 상인들은

명나라 관리들의 눈을 피해서 몰래몰래 이런 물건을 사들여야 했지.

그러다 보니 중국에 쳐들어와서 강제로 물건을 빼앗아 가는 사람들도 생겼어.

특히 '왜구'라 불리던 일본인 해적들이 해안가에 나타나 도둑질을 해 댔지.

명나라는 점차 혼란스러워졌어. 관리들은 편을 나누어 싸웠고,

황제들은 사치를 일삼거나 나랏일에 신경 쓰지 않을 때가 많았지.

반란을 막거나 이웃 나라가 벌이는 전쟁에 군대를 보내기도 하면서

안 그래도 없던 나랏돈이 더 바닥나자 백성들에게 많은 세금을 걷었어.

이러면 무슨 일이 벌어질지 예상되지 않니?

맞아, 농민들은 반란을 일으켰고 북방 민족은 중국을 넘보았지. 아이코!

예전에 금나라를 세웠던 사람들을 기억하니?
그래, 여진족이야. 만주에 살던 사람들이라서 만주족이라고도 불렀지.
명나라가 힘을 잃어 가던 무렵, 만주족을 하나로 모으는 지도자가 등장했어.
바로 '누르하치'라는 사람이야. 누르하치는 강력한 군대와 나라를 만들었어.
금나라를 잇는다면서 나라 이름을 '후금'으로 지었다가
얼마 뒤에 **청**으로 바꾸었지.

청나라는 명나라와 전쟁을 벌이는 한편, 한반도의 조선도 공격했어.
청나라에 힘을 보태지 않겠다는 조선을 무릎 꿇게 만들었던 거지.
약해질 대로 약해진 명나라 국경을 넘는 일도 만주족에게는
별로 어렵지 않았어. 이제 중국은 만주족의 지배를 받게 된 거야.
중국 역사는 정말이지 파란만장하네!

청나라가 중국을 지배할 수 있었던 것은 강력한 군대 덕분이었어.

깃발의 색깔에 따라 병사를 여덟 부대로 나누는 '팔기' 제도를 통해 수만 명의 군대를 훈련시킬 수 있었지.

만주족은 더 나아가, 한족 사람들에게 자신들과 같은 머리 모양을 강요했어.

머리의 앞부분은 빡빡 깎고, 뒷머리는 길러서 땋는 방식이었지.

억지로 이런 머리 모양을 해야 했던 한족 사람들은 자존심이 무척 상했을 거야.

그렇다고 한족 사람들을 강제로 억누르기만 한 것은 아니야.
과거 제도를 그대로 유지해서 한족 사람들을 관료로 뽑기도 했지.
그리고 청나라는 점점 더 넓은 지역을 정복해 나갔어.
중국 땅 변두리에 살던 몽골, 티베트, 위구르 같은 다양한 민족들을 점령하고,
그들이 살던 땅을 중국 땅으로 만들어 다스렸지.
중국은 청나라에 이르러 그 어떤 때보다 넓은 영토를 갖게 되었어.

이 무렵, 청나라에 능력 있는 황제들이 차례차례 등장하면서
나라는 안정을 찾고 문화가 더욱 발전했어.
중국의 차와 도자기, 비단은 여전히 세계적인 인기 상품이었고,
외국 상인들이 물건을 구입하고 대가로 낸 은이 넘쳐 났지.

한편, 미처 예상하지 못한 큰 변화가 중국에 다가오고 있었어.
한족과 북방 민족이 얽혀서 만들어 온 중국의 역사에
영국을 비롯한 유럽 사람들이 불쑥 끼어드는 일이 생기거든.
이제 중국은 한 번도 가 보지 않은 다른 길을 걸어가게 될 거야.

나의 첫 역사 여행

명과 청의 수도, 베이징

자금성

현재 중국의 수도인 베이징(北京)은 옛날 명나라와 청나라의 수도였어.
베이징의 중심에는 명과 청의 궁궐이었던 자금성이 있지.
명나라의 세 번째 황제인 영락제는 수도를 베이징으로 옮기고,
새로운 황궁인 자금성을 짓도록 명령했어.
약 100만 명 이상의 사람들이 14년에 걸쳐 궁궐을 완성했지.
자금성에는 수백 채의 건물과 9000여 개의 방이 있는데,
황제가 나랏일을 돌보는 곳과 황제의 가족들이 생활하는 곳으로 나뉘어.
지금까지 남아 있는 전 세계 궁궐 중에서 가장 규모가 크대.
약 500년 정도의 시간 동안 명나라 황제 14명과
청나라 황제 10명이 이곳에 지내면서 나라를 다스렸지.
자금성은 현재 '고궁박물원'이라는 이름으로 불리며
여러 유물을 전시하는 종합 박물관으로 활용되고 있어.

세계에서 가장 큰 궁궐, 자금성

베이징 외성 남동쪽에 위치한 천단 공원

천단

명나라 황제인 영락제의 명령으로 지어진 천단은
명나라와 청나라 때 황제가 하늘과 땅에 제사를 지내던 곳이야.
중국 황제들은 자신을 '하늘의 아들', 즉 '천자(天子)'라고 생각하여
매년 풍년을 기원하는 제사를 지냈고,
비가 오지 않을 때는 비를 내려 달라고 기우제를 지냈지.
명과 청의 황제들이 천단에 제사를 올린 횟수는 654차례나 된대.
지금 이곳은 공원으로 개방되어서 누구든지 방문할 수 있어.
천단 공원에 가면 하늘과 땅을 상징하는
다양한 건축물을 볼 수 있단다.

이화원

이화원은 중국 황제들이 여름 동안 머물던 별궁이자,
어마어마한 크기를 자랑하는 황실 정원이야.
청나라 황제였던 건륭제가 어머니의 생신을 기념하며
특별히 지은 궁전이지. 원래 이름이 청의원이었는데,
전쟁으로 훼손된 후 다시 지으면서 이름도 이화원으로 바꿨대.
지금도 이화원에 가면 사람들이 직접 파서 만들었다는 게
믿기지 않을 만큼 거대한 호수와 아름다운 건축물을 볼 수 있어.

중국 황실의 별궁이자 정원이었던 이화원

나의 첫 역사 클릭!

청의 전성기를 이끈 세 명의 황제들

만주족이 세운 청나라는 강희제, 옹정제, 건륭제가 황제였을 때 가장 번영했어.
1661년부터 1796년까지, 130년이 넘는 긴 시간이었지.
강희제는 중국 역사에서 가장 오랫동안 황제 자리에 있었대.
강희제의 아들이 옹정제고, 옹정제의 아들로 황제가 된 사람이 건륭제야.
청나라의 네 번째 황제였던 강희제는 강물이 넘치던 황허강과 창장강 주변을 정비하고
중국 대운하를 손보면서 물건들이 남북으로 원활히 이동될 수 있게 만들었어.
강희제가 청나라를 다스리던 때에 논과 밭에는 여러 농산물이 풍요롭게 생산되었고,
상업과 교역이 활발해지면서 해외 무역도 크게 발달했지.

중국 랴오닝성 선양시에 위치한 청나라 때의 행궁, 선양 고궁

강희제는 만주족과 청나라를 업신여기는 한족 사람들을 아주 못살게 굴기도 했대.
하지만 청나라에 협조하는 사람들에게는 기회를 주었지. 특별한 과거 시험으로
능력 있는 한족을 관리로 뽑아 나라를 위해 일할 수 있도록 허락했던 거야.
이렇게 정치가 안정되고 경제가 번영하면서 청나라는 전성기를 맞이할 수 있었어.

| 강희제의 초상화 | 건륭제의 초상화 |

청나라의 여섯 번째 황제였던 건륭제는 청의 영토를 크게 넓혔어.
몽골, 대만, 베트남, 네팔, 티베트 등을 정벌하며 영토를 넓히고 세금을 받아 냈지.
이때 만들어진 중국의 국경선이 오늘날까지도 이어지고 있단다.
중국의 면이나 비단, 도자기 같은 것들이 여러 나라에 수출되면서
당시 돈처럼 쓰이던 은이 청나라 창고에 가득 쌓여 있었대.
이런 중국에 물건을 팔고 싶었던 유럽 상인들이 중국을 향해 다가오고 있었지.

글 박혜정

성균관대학교 역사교육과에서 공부했습니다. 중학교에서 역사를 가르치며 학생들과 세계사의 재미를 나누고 있습니다. 두 아이의 엄마로, 아이를 무릎에 앉혀 놓고 그림책을 읽어 주던 때가 인생에서 빛나던 시절 중 하나라 여기고 있습니다.

그림 여미경

한양여자대학교 일레스트레이션학과를 졸업했습니다. 현재 소설과 동화책에 그림을 그리고 있습니다. 그린 책으로 《아지와 왜나라로 간 불상》, 《세종로 1번지 경복궁 역사 여행》, 《나라와 나라 사이에는 무엇이 있을까?》, 《고려대장경판》 등이 있습니다.

나의 첫 세계사 10 — 세상의 중심을 꿈꾼 나라 중국

1판 1쇄 발행일 2023년 5월 29일

글 박혜정 | **그림** 여미경 | **발행인** 김학원 | **편집** 박현혜 | **디자인** 박인규
저자·독자 서비스 humanist@humanistbooks.com | **용지** 화인페이퍼 | **인쇄** 삼조인쇄 | **제본** 영신사
발행처 휴먼어린이 | **출판등록** 제313-2006-000161호(2006년 7월 31일) | **주소** (03991) 서울시 마포구 동교로23길 76(연남동)
전화 02-335-4422 | **팩스** 02-334-3427 | **홈페이지** www.humanistbooks.com

글 ⓒ 박혜정, 2023　그림 ⓒ 여미경, 2023
ISBN 978-89-6591-509-6 74900
ISBN 978-89-6591-460-0 74900(세트)

- 이 책은 저작권법에 따라 보호받는 저작물이므로 무단 전재와 무단 복제를 금합니다.
- 이 책의 전부 또는 일부를 이용하려면 반드시 저작권자와 휴먼어린이 출판사의 동의를 받아야 합니다.
- **사용연령 6세 이상** 종이에 베이거나 긁히지 않도록 조심하세요. 책 모서리가 날카로우니 던지거나 떨어뜨리지 마세요.